AF198934

Stille, Zeit ohne Angst

Gebete, Gedichte und Betrachtungen.

Über den Autor

Albrecht Krug hat im Laufe seiner therapeutischen Arbeit in der Psychosomatik und praktischen Lebenshilfe -angefangen in den1990er Jahren- viele Kindergeschichten, Kinderlieder, didaktische und philosophische Texte geschrieben.
Seine nächste Veröffentlichung "Fraktale" ist bereits in Arbeit: Ein Buch, in dem der Autor die Erfahrungen und Ergebnisse seiner Arbeit der letzten drei Jahrzehnte zusammenfasst. Ein Nachschlagewerk, um die Themen der Lebenszyklen besser begreifen zu lernen: Die meist im Unbewussten verhafteten Auswirkungen erlangen Bewusstsein und können dann bearbeitet werden. Lösungen werden beschrieben.
Die Gebete, Gedichte und Betrachtungen aus „Stille, Zeit ohne Angst" sind parallel dazu entstanden. Oftmals aus dem Anlass gerade erlebter Situationen oder Gespräche.

Wir freuen uns über Ihre Anregungen, Wünsche und Anfragen. Senden Sie uns eine Nachricht per Email an: cafe@albrecht-krug.de

Stille, Zeit ohne Angst
Gebete, Gedichte und Betrachtungen

Albrecht Krug

Bibliografische Information der Deutschen Nationalbibliothek:
Die Deutsche Nationalbibliothek verzeichnet diese Publikation in der Deutschen Nationalbibliografie; detaillierte bibliografische Daten sind im Internet über http://dnb.dnb.de abrufbar.

© 2019 Albrecht Krug (Texte); Melanie Meinig (Bilder, Buchumschlag, Satz, Layout)

Herstellung und Verlag:
BoD - Books on Demand, Norderstedt

ISBN: 978-3-7504-2627-6 Paperback

Anmerkung für den Leser

In diesem Buch spielen die Authentizität und das Individuum eine wichtige Rolle. Daher möchte ich Sie als Leser darum bitten, Ihre Ansprüche auf Rechtschreibung einmal zurückzustellen und der künstlerischen Freiheit als auch dem philosophischen Ausdruck Raum zu gewähren.

Zum Beispiel sind manche Worte sind einfach zu wichtig, um sie klein zu schreiben.
Auch die Abstände und die Zeichensetzung sind bewusst gewählt.

Eine Anregung für Deutschlehrer, es wäre sicher einen Versuch wert, mit Schülern etwas ähnliches auszuprobieren, und in dem Zuge sich die deutsche Sprache zu eigen zu machen und einmal neu zu betrachten.

Noch etwas: Mit Gott ist in diesem Buch kein Gott einer bestimmten Religion gemeint, sondern eher die Beseeltheit der Natur im Allgemeinen und das göttliche Wirken in allen Dingen.

Inhaltsverzeichnis

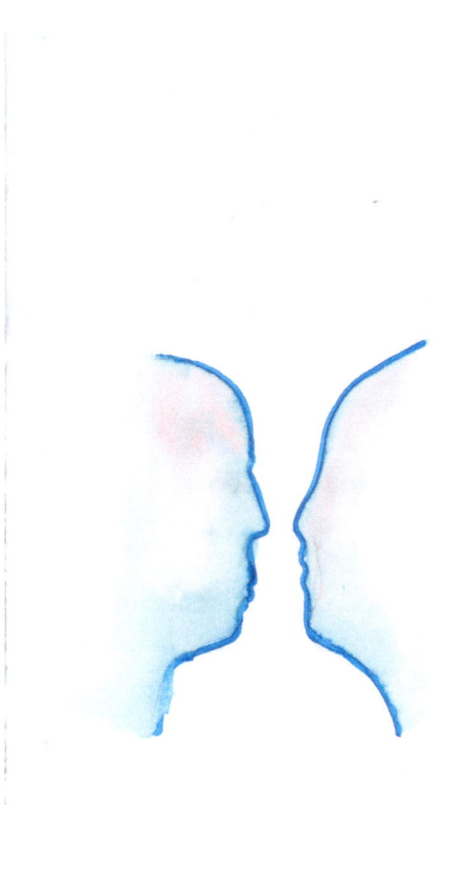

Prolog

Gebete sind nicht nur an Gott, sondern auch an uns selbst gerichtet.

Ich möchte Sie animieren, den Mut zu haben und eventuell auch selbst Gebete zu schreiben.
Ändern Sie bei dieser Gelegenheit auch Ihre Beziehung zu Gott.

Heben Sie Gott in Ihrem Umgang mit ihm nicht so hoch, Sie können ihn dadurch nicht mehr erreichen. Wählen Sie Ihre Worte nicht besonders aus, sondern sprechen Sie so, wie Sie mit Ihrem besten Freund oder mit Ihrer besten Freundin reden würden.

Meine Gebete sind mit einem besonderen Bedarf geschrieben.

In allen ist Respekt eingebettet und vor allem Verständnis. Wir bitten um Verständnis für unsere individuelle Person und Situation.
Es geht hier nicht um Alle oder für Alle, sondern um Sie lieber Leser.

Viele unserer Gebete, die es gibt, werden
entweder nicht verstanden oder wir
fühlen uns nicht verstanden.
Und besonders, das Thema Hilfe wird
meiner Meinung nach nicht verstanden.

Wenn Sie Kummer oder Stress
haben, bitten Sie um Hilfe.

Sie sagen: „Gott hilf mir, hilf
mir bitte, ich schaffe
es nicht."

Es besteht die Gefahr, dass
durch diese Art von Gebeten Ihr Problem
größer wird.
Warum?

Stellen Sie sich vor, Sie treiben Leistungs-
sport. Was würde Ihr Trainer tun,
wenn Sie sagen: „Trainer hilf mir, hilf
mir bitte, ich schaffe
es nicht."
Er wird Sie eventuell noch ein paar Hanteln
mehr stemmen lassen oder Sie noch
ein paar Runden extra laufen lassen.

Ja, oder es gibt noch ein anderes Sonder-training.

Sie könnten es anders sagen:

Gott, ich bin erschöpft,
erschöpft, der Dinge und
Geschehnisse um mich.

Gib mir bitte etwas Ruhe
und Kraft.

Gib mir einen schönen Tag
der Mentalen Erholung und

dann können wir wieder
weiter lernen, das Göttliche
System zu verstehen, welches
ich momentan als Schmerz und Stress
empfinde.

Danke Amen

In meinem Beispiel liegt auch schon
die Antwort für die Aussage:

„Die Gebete sind auch wichtig
für uns".

In dem Gebetstext steht das Beispiel
Gib mir bitte einen schönen Tag.

Diese Aussage soll uns daran erinnern
uns wirklich einmal einen schönen Tag
zu gönnen.

Sie werden überrascht sein, wenn
Plötzlich ein Bekannter anruft:

„Hallo, ich dachte gerade an
Dich, wir wollten uns zu einem
gemeinsamen Abend
unter Freunden treffen.
Ja, und da habe ich
gedacht, vielleicht hast du Lust
auch zu kommen."

Beten Sie so oft, bis es auch Ihr Unter-
Bewusstsein versteht.

**Ihre Gedanken und Ihre Hoffnung
werden zu Ihrer Welt.**

Zueignung

Ich investiere!

Glaube heißt nicht wissen, Stimmt.

Glaube bedeutet, eine Vision zu haben und
mich positiv dafür einzusetzen.

Glaube bedeutet, mich für Dinge einzusetzen,
deren Ausgang ich nicht genau weiß.

> Wir machen viele Dinge an die
> Wir erstmal nur Glauben.

Die Natur, unsere Abhängigkeit von ihr ist nun
ausreichend bewiesen.

> Wie wäre es mit einem Experiment?

Wir Glauben an die Natur
wir glauben, daß der Mensch und die Natur
voneinander abhängig sind.

Und wir glauben an Gott.

Wir setzen uns für unseren neuen Glauben
ein, als ginge es um unsere Zukunft.

Ich denke dieser Zukunftsplan, ist
für jeden Finanzierbar.

> Viel Freude mit den Erfolgen und
> der Rendite

AN 5/6/18

Erlaube Ruhe

Lieber Gott, der Du die Erde bist.
Lass mich durchatmen.
Gib mir Ausgeglichenheit.
Lass mich mich in die Natur einschwingen.
Lass den Stress von mir abgleiten.
Ich möchte ruhig werden.
Meine Gedanken werden ruhig.
Mein Körper wird ruhig.
    Mit Deiner Hilfe.
Ich werde still.
Ich höre auf meinen Körper.
Ich fühle meinen Körper.
Ich erlaube Ruhe.
Amen

Sonne und Natur

Ich sitze hier in der Natur.
    Ich höre bewusst den Vögeln zu.
    Ich rieche bewusst die Erde
       und die Bäume
       und das Gras.

Ich konzentriere mich auf die
Dinge um mich -
im Einzelnen.

Ich fühle wie ich mich entspanne.

Ich denke an Dich
und bin bei Dir.   Du bist bei mir
Ich kann Dich fühlen.
    Du gibst mir Ruhe

Ich danke Dir.

Das Wesentliche in meinem Leben

Lieber Gott, bitte hilf mir, das
Wesentliche im Leben zu tun.

Bitte hilf mir mein Täglich
Brot zu verdienen.
Ich möchte Dich für die Menschen erreichbarer
und hörbarer machen.

Lieber Gott hilf mir bitte die
Menschen zu heilen, mit dir als
Arznei.

Lieber Gott, mein Gott ich komme
mir so blöd und so taub vor.
  Deine Welt ist so groß, so schön.
Lieber Gott ein bisschen mehr Geist,
ein bisschen mehr noch von Deinem
Geist, würde mir bestimmt helfen.

Bitte Höre meine Not und schenk mir
Verstand.

Natur und ich

Lieber Gott ich fühle mich gut. Danke.

Ich bin in der Natur, und Danke daß
Du die Natur bist und ich ein Teil
davon sein darf.
Du bist alles und alles ist in Dir.

Wenn ich mich in der Natur bewege
fühle ich deine Nähe, deinen Atem, deine
Wärme.

Ich betrachte dich. Die Sonne,
die mir Wärme spendet. Die Bäume, die
mir Kraft geben. Die Steine, der Boden,
der mir Halt gibt. Das Wasser, das meine
Psyche reinigt.
Und meine Seele beruhigt.
Du ernährst nicht nur meine Seele, Du
machst mir Hoffnung, daß du mir auch
ohne weltliche Dinge genügst.

Ich glaube an Dich. Und die Kraft, die
du durch dein Wesen in der Natur
mir offenbarst.

Ich bin ein Teil der Schöpfung,
ein Teil von Dir.
Ich bin auf der Suche nach mir selbst
und meinem Weg zu Dir.
Ich will der Bestimmung folgen,
die du Herr, von Anbeginn der Zeit an
vorbestimmt hast.

Ich bin ein Teil des Ganzen und
somit ein Teil von Dir und Bitte
Dich mich auf dem Weg meiner
Bestimmung zu leiten.
Gib mir die Kraft meinen Weg zu
gehen und meine Entscheidungen
in deinem Sinn zu treffen.

Gib mir die Reinheit meiner Seele,
meiner Vernunft und meines Körpers.

Hilf mir eins zu werden mit Dir
und Deinem Geist.

Innehalten für Antworten

Danke lieber Gott

danke für die Lehren die du mir ständig
schickst. Es macht mir Freude Antworten
auf meine Fragen zu bekommen.
Fast immer wenn ich nach Antworten
suche und in einem Thema nicht weiter
komme, bekomme ich Lösungen.
Entweder durch einen Radiobericht auf
den ich zufällig stoße. Oder ein Buch, das mir
in die Hände fällt. Oder, ich führe ein
Gespräch mit einem Freund, der mir etwas
sagt.
Ich muss einfach nur ab und zu innehalten
und zuhören und es dauert nicht lange
bis die Antwort und Motivation kommt.
Danke für Deine Geduld, mir die
Lehrer zu senden und für die Kontakte
zu sorgen.
Ich gebe dafür die Geduld um die
Antworten zu erwarten.
Auch ich, freue mich manchmal
ein Lehrer zu sein und im Gewünschten
Augenblick anderen eine Antwort oder
Motivation zu geben.

Ich genieße Deine Hilfsbereitschaft.

Ich bin nicht allein

Sind es deine Worte

Danke lieber Gott

Danke, dass ich dich hören kann.
Danke, dass ich dich sehen kann.

Wenn du mit mir sprichst, brauche
ich Tage bis ich alles verstanden habe.

Danke, dass du mir gezeigt hast, dass
es Deine Worte waren und sind.
Ich bin ein Zweifler, ich weiß
Du hilfst mir aus dem Zweifel.

Verzeih mir bitte, wenn ich immer
noch zweifle.

Freude am Leben

Lieber Gott,

bitte gib mir Freude am Leben zurück.

Es fehlt mir die Farben zu sehen.
Mir fehlt das Leben der Natur

Mit deiner Hilfe möchte ich es fühlen
riechen und sehen.
Hilf mir bitte den Druck in meinem
Inneren zu lindern.
Öffne meine Augen, meine Ohren.
Mach mich bitte wieder sehend und hörend
für die Dinge, die mich und meine
Seele stärken und ernähren.

Gib mir bitte eine Begegnung,
schicke mir bitte einen Lehrer,
der mich wieder inspiriert und mich
die Farben wieder wahrnehmen lehrt.

Genieße die Speisen

Lieber Gott
Ich sitze hier und genieße den Anblick der Speisen,
die vor mir auf dem Tisch stehen.
    Wie herrlich das duftet.
    Wie schön es aussieht.
Das alles macht mir Freude.
    Ich habe Appetit.
Ich weiß, daß das alles ein Teil von Dir ist.
    Bitte lasse es mir bekommen und
    meine Seele und
    meinen Körper nähren.

Möge mein Getränk, das Wasser meinen
Körper reinigen.

Möge die Energie der Speisen
Freude und Kraft in mir ausbreiten.
Danke Amen
Noch ein Tipp.
Wenn Sie das nächste Mal essen.
Dann lassen Sie sich einmal Zeit, gehen Sie in sich
halten Sie inne.
Schauen Sie sich das Essen an.
Denken Sie, daß Sie ein Stück von Gott essen.
Wünschen Sie sich, daß es Ihnen bekommt.
Stellen Sie sich vor, wie Sie es in den Mund nehmen
und wie es sich in Ihrem Körper
verteilt.
Und dann genießen Sie jeden Bissen.
Auch der Wunsch „ich hoffe es macht nicht dick"
funktioniert.

Heilendes Wasser

Ich denke.
Ich sehe Wasser.
Ich sehe Wasser in meinen Gedanken
ich sehe klares Wasser fließen.

Ich sehe farbige Reflexe, die
sich im Wasser spiegeln.

Ich sehe die Sonne sich Golden, im
Wasser spiegeln.

Nun Ruht das Wasser kraftvoll in
meinem Glas.

Bereit seiner Berufung zu folgen.

Vater unser im Himmel und auf
erden, geheiligt werde dein Name
dein Reich komme.

Segne mein Wasser gib ihm Kraft.
Heile Bitte, was es berührt.

Danke Amen

Erfolg und Bewusstsein / der Weg

Es ist mir bewusst, dass Gebete nicht
    nur eine Bitte an
    Gott sind.
    Nein, wichtig ist für mich die Gebete
    und Wünsche auszusprechen,
        bis auch mein Unterbewusstsein
        gehört hat was ich möchte.
Nur Beten mag zwar sinnvoll sein,
Gebete aber fühlen und verstehen führt
    zum Erfolg.
    Glaube bedeutet, einen Weg so
    lange zu gehen, bis der
    Erfolg einsetzt,
        der mein Herz überzeugt.
    Überzeugt sein, ist mehr als Glaube.

Ein Brief an Gott

Lieber Gott, ich bin dabei und
es drängt mich sehr. Ich möchte
dir näher kommen und ich weiß,
daß mein Näherkommen nur von
mir selbst behindert wird.
Ich bin taub und blind vor Hektik.
Bitte lasse die Dinge, die man
Lehren nennt und Erfahrung, etwas
ruhiger in meinem Umfeld angehen.

Ich bin dabei meine Kraft und nahezu
allen Freiraum auf meine Arbeit
zu konzentrieren.

Ich brauche deine Eingaben und die
Verbindung zum heiligen Geist, um
Ideen zu bekommen.

Fleiß, um die Lösungen zu schaffen.

Mein Ziel ist es,
den Menschen
bei ihrer
      Weiterentwicklung
      Seelenfrieden
      Gesundheit
   und der Nähe zu dir
              Weiterzuhelfen.

Freiheit zulassen

Freiheit bedeutet Frei zu denken.
Freiheit bedeutet alles zu sagen.
Freiheit bedeutet alles zu tun.

Bedenke aber, daß deine Freiheit
dort endet, wo die Freiheit
des anderen beginnt.

Lasst andere Frei, damit ihr
selbst Frei seid.

Liebe bedeutet nicht, andere zu besitzen.
Wer liebt lässt anderen das,
was sie selbst gerne hätten.

Was ist Philosophie

Ein Philosoph, der in seiner Philosophen-
Schule große Erfolge hatte, hatte
mit seiner Frau größere Konflikte.

Eines Tages sagte er zu seiner Frau: „Du
verachtest mich und meine Leistung."
Er sprach weiter: „Du kritisierst mich
wo du kannst mit lapidaren Dingen.
Du meckerst wie eine Ziege, deine
Vorwürfe sind unerträglich.
Du interessierst dich nicht für meine
Arbeit und schon lange nicht
mehr für mich."

„Schau, schau," sagte sie liebevoll.

„Siehst du, schon diese Bemerkung
beweist es," rief er ärgerlich.

Sie strahlte ihn an uns sagte:
 „Du achtest meine Arbeit auch
nicht. Du bemerkst nicht, wenn
ich dir Speisen bereite.
Du bemerkst nicht, wenn ich dir
dein Schlafgemach bereite,
deine Wäsche zurechtlege und vieles mehr.
Auch du könntest etwas achtsamer sein."

Der Dank einer Mutter

Lieber Gott

Manchmal fühlt sich mein Leben gespalten
an.
Mein Ehemann, ich liebe ihn sehr.
  Er gibt mir Frieden
  Er gibt mir Kraft
  und unendlich viel Liebe und
                    Sicherheit.
 Mein Kind, ich liebe es sehr.
   Es gibt mir Friede
   Es gibt mir Kraft
  und unendlich viel Liebe und
                    Sicherheit.

Als erstes möchte ich meinem Mann
danken. Durch ihn wurde alles erst
möglich.
Mit seiner Fürsorge und Schutz lebe
ich mit meinen Kindern.

  Mein Kind ich danke Dir für jeden
  Tag, den ich mit dir verbringen darf.
    Mit all meiner Seele möchte
    ich dir Fürsorge und Schutz geben
    und
 Schütze mich Gott davor, Dich mit meiner Fürsorge
daran zu hindern, daß du deine eigene Seele entwickeln kannst.

Suche nach deinen Werken

Allmächtiger Gott,

auf der Suche nach Dir, bin ich nicht.
Auf der Suche nach deinen Werken und
nach der Vollkommenheit der Natur,
die Du erschaffen hast, Bin ich immer.

Bitte öffne meine Augen Dich zu sehen.
Öffne meinen Geist Dich zu verstehen.
Öffne meine Ohren Dich in allem zu
Hören.

Meine wirren Wege, dich zu
verstehen sind meine Plage.
Es macht mir Freude Erfolge zu haben
deren Grundlage Du bist.

Lass mich bitte Dinge finden, die
mir und den Menschen um mich
Dienlich sind.

Kinder mit deinem Wesen

Heiliger Gott und ewige Macht über alles.

Sende uns Lehrer, die unsere Kinder
in deinem Geist schulen, und helfen.

Hilf ihnen den Geist Deines Wesens zu verstehen
und zu leben.

Stärke in unseren Kindern einen
starken und kritischen Geist,
der deinem gleicht.

Halte inne

Mach dich frei, der irdischen Dinge.
mach dich frei sobald du bereit bist.
Mach dich frei für die himmlischen Klänge.
Fange an sie hören zu wollen.
Bereite dich vor auf die Zeit danach.

Wenn du festhälst an den regeln
deines momentanen Leben, kannst
du den Himmel nicht vorbereitet erreichen
und den Weg dorthin nicht genießen.

Hab keine Eile damit, es ist Zeit
genug dich vorzubereiten.
Du solltest nur etwas inne halten, dich
umschauen und dich fragen:
Ist das was ich tue, das was ich will.
Ist es mir und meinem Seelenheil dienlich.
Halte wenigstens ab und zu einmal inne,
vielleicht nur für Sekunden deiner Zeit und
höre in dich.
Freue dich, denn du hast noch Zeit, viel
Zeit.

Vater im Himmel, ich brauche dich
nicht zu suchen, denn du bist Ewig und
immer an meiner Seite. Ich halte inne
in der Hoffnung dich zu hören. Denn
du sprichst immer zu mir.

Windhauch der Liebe

Lieber Gott auch ich wünsche in dieser Nacht,

Schick doch bitte einen Windhauch durch das
Land.

Und nutze deine Macht.

Schicke einen Windhauch der Liebe um die Welt.

Die Menschen brauchen in Wirklichkeit kein Geld.

Was sie am dringendsten brauchen ist etwas,

Was sie vergessen haben.

Sie tragen es in sich. Und jeder hat es,

Die Kraft des Sehens und des Hörens.

Weihnachtszeit

Lieber Gott es ist Weihnachtszeit
und trotzdem haben viele Menschen
Leid.

Schick doch heut das Christkind zu
mir. Schick es direkt vor meine Tür.

Ich möchte es heute beschenken.

Ich dank dir dafür.

Freunde

Lieber Gott ich dank dir für meine
Freunde.
Ich habe das Gefühl, jeden einzelnen
sendest du zu mir. Ein jeder bringt
mir Freude und Kraft.

Und ich, habe es endlich Geschafft.
Zu lernen und zu hören und
ihre Erzählung und Reden mit deren
Augen zu sehn.

Das Leuchten ihrer Augen und die Freude
mit der sie ihre Welt mit ihren Worten
beschreiben ist schön.

Mit meinen Gedanken habe ich es geschafft
und mir eine Welt in Ruhe und Frieden
gemacht.

Mit deiner Hilfe und deiner Kraft
habe ich vorher mit Dir in der Stille
meine Erfahrungen gemacht.

Freunde aus alten Tagen

  Lieber Gott

ich habe eine Frage, sendest du
mir Freunde aus alten Tagen.
    Einen jeden denke ich, kenne ich
    schon unendlich lang.
Das vertraut sein und Reden belebt meine
Seele sehr.
    Und jedes zusammensein ist wie
    ein Tanz im Geistes- und Seelenklang.
Worte und Musik vermischen sich
in einen Tanz der Emotionen.
  Und das Stärkste Gefühl
  ist Sicherheit als kenne man
  sich schon jahrmillionen lang.
          Danke an meine Freunde
          die du mir sendest.
    Dank auch an dich
    und
      eine Antwort brauche ich wohl nicht mehr.

Dinge, die ich nicht getan habe

Lieber Gott
hilf mir.
Hilf mir meine Mitte zu finden.
Hilf mir im Heute, hier und jetzt
einen neuen Anfang zu finden.

Meine Tränen trocknen nicht
mehr und neue Tränen fließen
nicht mehr.
Für die Dinge, die ich getan habe
kann ich gerade stehen und
sie aufrichtig bereuen.

Aber am schwersten wiegen für mich
die Dinge, die ich nicht getan habe,
als ich sie hätte tun sollen.

Hilf mir, mir diese Dinge, die
ich nicht getan habe, mir selbst
zu verzeihen.

Dinge, die ich von mir erwartet hätte,

Dinge, die andere mir längst
verziehen haben.

Philosophen und Künstler

Dank an die Propheten, die die Stimme
erheben und die Worte Gottes verbreiten.

Dank an die Philosophen, die diese Worte
in die Zeit einordnen.

Danke an die Schöpfer und Künstler,
die den Klang der Natur durch
Instrumente direkt in die Herzen
der Menschen bringen.

Stille, Zeit ohne Angst

Lieber Gott,

Ich habe die Stille erfahren.

Und die Stille war nicht leise.
Die Stille war nicht langweilig.

Die Stille mit Dir ist belebender
als die lebendigsten Augenblicke
meines vorherigen Seins.
Die Ruhe mit Dir zu erfahren
ist Glücklich sein, mit einem
leichten Wind in einer lauen Sommernacht.

Es ist ungewöhnlich und immer
wieder neu eine Zeit ohne Angst
mit viel Leben zu erleben.

Stille mit Dir ist unendlich aktives
Leben und ein Gefühl auf Wolken
zu schweben.

Der Heiler

Herr im Himmel, der du die
Allmacht bist.
Ich möchte dieser Seele helfen.
Bitte hilf mir meine eigenen
Probleme und Leiden und Lehren
für einen Augenblick zurückzustellen.
Ich möchte dieser Seele helfen.
Bitte gib mir für einen Moment
die Reinheit, um deine Energien
und Gedanken zu fühlen und
weiterzugeben. Herr gib mir die Kraft

Ihr Himmlischen Helfer leistet Bitte
mir Unterstützung.
Ich möchte helfen
mit Wort und Tat.
Gebt mir Kraft.

Vor mir ist eine Seele, die dem
Weg der Bestimmung folgen möchte.

Erlaube mir mit dir in Kontakt
zu treten um
    dir bei deinem Weg der Bestimmung
 zu helfen. Mit Wort und Tat.

 Danke
 Gott im Himmel, Danke
 Ihr Helfer.
 Habt Dank.

 Bitte schützt mich vor
 Eitelkeit,
 denn es war und ist eure Kraft.

 Danke auch dafür
 und für alles.

Vater unser auf Erden

Vater unser auf Erden, der Du alles,
und in allem lebst und bist.
Geheiligt werde Dein Name

Erhalte uns Dein Reich,
in dem wir leben und wachsen.

Dein Wille geschehe,
auf Erden
und überall.

Schütze uns vor Versuchungen
und gib uns einen klaren Geist.

Unser täglich Brot, das wir brauchen,
gib uns heut.

Gib uns unsere Erfahrungen,
die wir brauchen für unser Leben.

Leuchte uns unseren Weg,
auf daß wir erleuchtet werden.

Dein ist das Reich und die Kraft,
die Herrlichkeit,
in Ewigkeit.

Amen

Nachwort

Das letzte Hemd hat
keine Taschen?

Alles was wir besitzen ist vergänglich.
Goethe meint dazu
Alles entsteht daß es vergeht.
oder
Alles ist wert, daß es zu Grunde geht.
Wir erwerben die Dinge mit
Zeit
Lebenskraft
Energie
und Liebe
Dinge die wir denen nicht geben, die es Wert
wären.
Wir nehmen diese Energien unseren
Kindern
Eltern
eben allen die uns lieben.

Mach dir die Taschen voll und sei
selbst das Wunder.
Schenk deinen Lieben Zeit mit dir.
oder was Christus ihnen schenken würde.

Thematische Suche

nach einem Versuch einer Zuordnung der
einzelnen Texte

von M. Meinig

I. Höre niemals auf um Hilfe zu bitten.
   Verbindung schafft Lösungen.

S. 17, 21, 23, 25, 27, 29, 37, 43, 45, 59, 64

II. Im Einklang mit Natur und Universum.
   Friede und Zweisamkeit

S. 17,19,21,57,63

III. Geist- Wort- Tat. Die Antwort liegt auf der Hand.
   Gestalte und erschaffe!

S. 25, 29, 31, 33, 35, 39, 49, 51

IV. Heilen und Selbstheilung den Weg ebnen

S. 17,19, 21,31, 33, 37,39,43,49, 64

V. Liebe, Dankbarkeit und Anerkennung.
   Genesung

S. 23, 39, 41, 43, 51, 55, 61,63

Notizen